Rolf Krenzer/Martin Göth:
Ritter-Lieder

10 wunderschöne neue Ritter-Lieder für Kinder zum Mitsingen, Tanzen und Bewegen

Das Liederbuch mit allen Texten, Noten und Gitarrengriffen zum Mitsingen und Mitspielen

Gesammelt und herausgegeben von Stephen Janetzko

Copyright © 2015 Verlag Stephen Janetzko, Erlangen
www.kinderliederhits.de
Alle Lieder verlegt bei Edition SEEBÄR-Musik Stephen Janetzko, Erlangen
Online-Shop im Internet unter **www.kinderlieder-shop.de**
Coverillus: *Stephen Janetzko Lizenzgeber*
Covergrafik: Stephen Janetzko mit Marco Breitenstein
Notensatz, grafische Vorbereitung und Idee: Stephen Janetzko
All rights reserved.

ISBN-10: 3957220815

ISBN-13: 978-3-95722-081-3

Inhaltsverzeichnis

Lieder: **Seite:**

Lied	Seite
Was braucht ein Rittersmann?	4
Ein echter Ritter werd ich nie	6
Ich zähmte einen Falken	8
Die Gaukler	10
Das Rosenwunder	12
Rittertanz	14
Du bist mein	16
Das Lied vom verrosteten Ritter	18
Ein klitzekleines Burggespenst	20
Was macht Mut?	22

Was braucht ein Rittersmann?

Text: Rolf Krenzer/Musik: Martin Göth

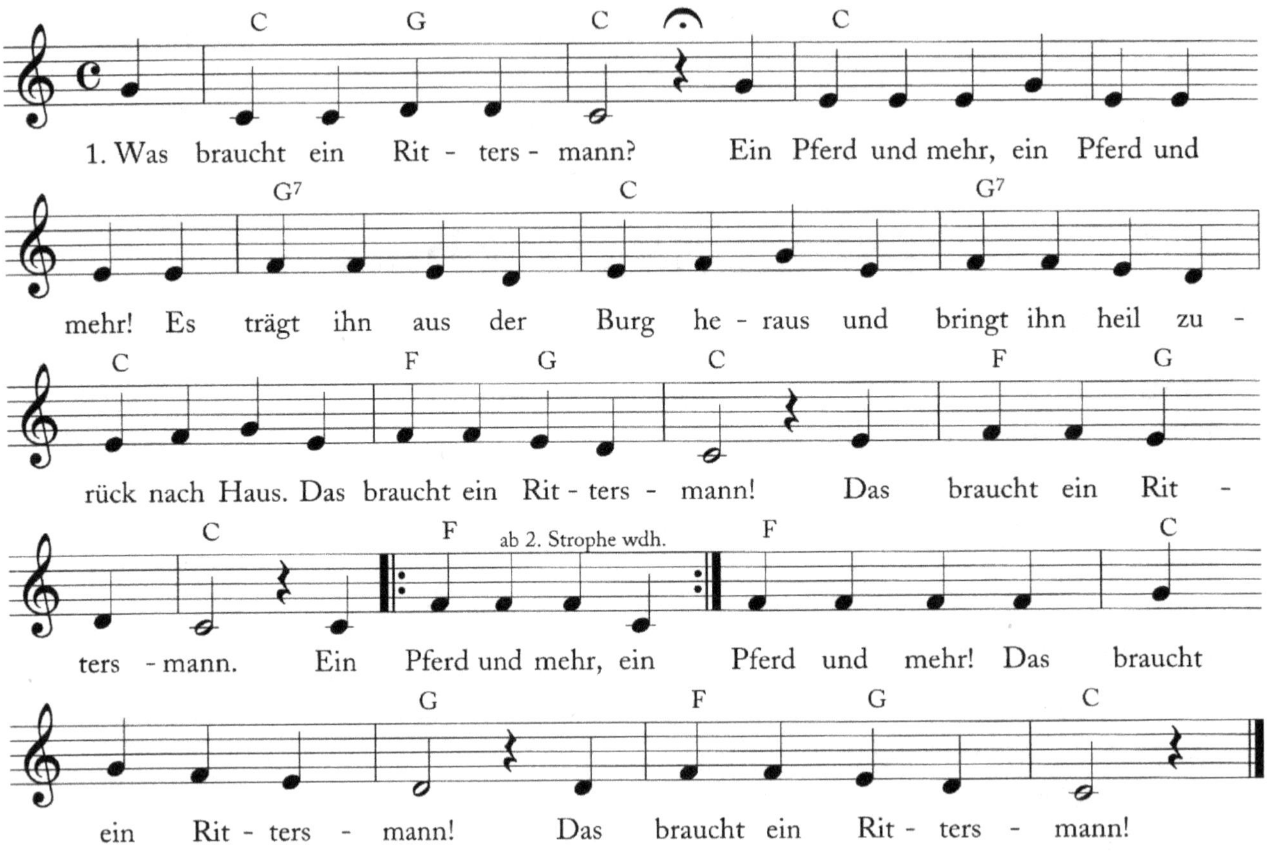

1. Was braucht ein Rittersmann? Ein Pferd und mehr, ein Pferd und mehr! Es trägt ihn aus der Burg heraus und bringt ihn heil zurück nach Haus. Das braucht ein Rittersmann! Das braucht ein Rittersmann. Ein Pferd und mehr, ein Pferd und mehr! Das braucht ein Rittersmann! Das braucht ein Rittersmann!

2. Was braucht ein Rittersmann?
Den **Helm**, seht her, den Helm, seht her!
Ein Helm mit einem Federstrauß,
der putzt den Ritter erst heraus.
Das braucht ein Rittersmann! Das braucht ein Rittersmann.
Ein Pferd und mehr,
den Helm, seht her!
Das braucht ein Rittersmann ...

3. Was braucht ein Rittersmann?
Die **Rüstung** schwer, die Rüstung schwer,
so schwer, dass kaum ein Rittersmann
in seiner Rüstung laufen kann.
Das braucht ein Rittersmann! Das braucht ein Rittersmann.
Ein Pferd und mehr,
den Helm, seht her,
die Rüstung schwer! Das braucht ein Rittersmann ...

4. Was braucht ein Rittersmann?
Das **Schwert** zur Wehr, das Schwert zur Wehr!
Ein Schwert, damit ihr alle wisst,
wie stark und kühn der Ritter ist.
Das braucht ein Rittersmann! Das braucht ein Rittersmann.
Ein Pferd und mehr,
den Helm, seht her,
die Rüstung schwer,
das Schwert zur Wehr!
Das braucht ein Rittersmann ...

5. Was braucht ein Rittersmann?
Den **Schild** braucht er, den Schild braucht er!
Ein Schild, der in der Sonne blitzt,
und jederzeit den Ritter schützt.
Das braucht ein Rittersmann! Das braucht ein Rittersmann.
Ein Pferd und mehr,
den Helm, seht her,
die Rüstung schwer,
das Schwert zur Wehr,
den Schild braucht er.
Das braucht ein Rittersmann ...

6. Was braucht ein Rittersmann?
Die **Lanze** her! Die Lanze her!
Er braucht die Lanze, dass er dann
bald zum Turnier los reiten kann.
Das braucht ein Rittersmann! Das braucht ein Rittersmann.
Ein Pferd und mehr,
den Helm, seht her,
die Rüstung schwer,
das Schwert zur Wehr,
den Schild braucht er,
die Lanze her!
Das braucht ein Rittersmann ...

7. Was braucht ein Rittersmann?
Die **Rittersbraut**, die ihm vertraut!
Und nimmt er Abschied, sagt er ihr:
»Bald bin ich wieder hier bei dir!«
Das braucht ein Rittersmann! Das braucht ein Rittersmann.
Ein Pferd und mehr,
den Helm, seht her,
die Rüstung schwer,
das Schwert zur Wehr,
den Schild braucht er,
die Lanze her,
die Rittersbraut!
Das braucht ein Rittersmann ...

Ein echter Ritter werd ich nie

Das Lied vom verhinderten Helden
Text: Rolf Krenzer/Musik: Martin Göth

1. Ich wollte wie ein Ritter werden. Ein echter Ritter wollt ich sein. Wollt reiten auf den stolzen Pferden, drum stieg ich in die Rüstung rein. Die Rüstung zwang mich in die Knie. Ein echter Ritter werd ich nie! Ein echter Ritter werd ich nie!

2. Ein jeder möchte viel erreichen,
so viel er nur erreichen kann.
Ich möchte einem Ritter gleichen
und fing am liebsten heut schon an.
Doch geb ich mir auch so viel Müh ...
Ein echter Ritter werd ich nie!
Ein echter Ritter werd ich nie!

3. Wenn ich den Hund vom Nachbarn treffe,
und er kommt immer näher mir,
dann sag ich mir: »Nur zu und kläffe,
ich fürchte mich doch nicht vor dir!«
Dann renn ich los! Jetzt fragt nicht, wie ...
Ein echter Ritter werd ich nie!
Ein echter Ritter werd ich nie!

4. Im Wasser sollt ihr mich erleben,
nur schwimmen kann ich leider nicht.
Denn soll ich nur die Beine heben,
mach ich ein ängstliches Gesicht
und geh vor Angst noch in die Knie ...
Ein echter Ritter werd ich nie!
Ein echter Ritter werd ich nie!

5. Im Fernsehn kann ich Krimis sehen.
Das macht mir überhaupt nichts aus.
Doch soll ich in den Keller gehen
allein und durch das dunkle Haus,
verlässt mich alle Energie ...
Ein echter Ritter werd ich nie!
Ein echter Ritter werd ich nie!

6. Soll ich mich abends auch noch duschen
- das kalte Wasser ist kein Spaß -,
versuche ich, ins Bett zu huschen.
Das Wasser ist mir viel zu nass.
Ich hab 'ne Wasser-Allergie!
Ein echter Ritter werd ich nie!
Ein echter Ritter werd ich nie!

7. Wenn ich dann endlich schlafen gehe,
und dunkel wird's im ganzen Haus,
damit ich noch ein Lichtchen sehe,
macht mein Nachtlicht mir ja nicht aus!
Sonst schrei ich unter Garantie ...
Ein echter Ritter werd ich nie!
Ein echter Ritter werd ich nie!

8. Ich liebe heimlich Dorothee,
möcht zärtlich streicheln ihr Gesicht.
Doch kommt sie nur in meine Näh,
steh ich dumm da und trau mich nicht.
Ich zitter und hab weiche Knie ...
Ein echter Ritter werd ich nie!
Ein echter Ritter werd ich nie!

9. Doch etwas darf ich nicht vergessen,
denn etwas kann ich immerhin:
Kann alles mit den Fingern essen
und rülpsen, wenn ich fertig bin.
Gefällt's euch nicht, dann tut's mir leid!
So war'n die alten Rittersleut!
So war'n die alten Rittersleut!

Ich zähmte einen Falken

Text: Rolf Krenzer/Musik: Martin Göth
Frei nach »Ich zoch mir einen valken«
DER VON KÜRENBERG (* um 1100 † 1150)

1. Ich zähmte einen Falken vor mehr als einem Jahr, bis er, wie ich es wollte, mir treu gehorsam war. Mein wunderschöner Falke, das war mein ganzes Glück. Er flog hoch in den Himmel und kam zu mir zurück. Er flog hoch in den Himmel und kam zu mir zurück.

2. Ich zähmte einen Falken
und sucht ein goldnes Band,
das sich fest um den Falken
und sein Gefieder spannt.
Mein wunderschöner Falke,
das war mein ganzes Glück.
Er flog hoch in den Himmel
und kam zu mir zurück,
er flog hoch in den Himmel
und kam zu mir zurück.

3. Ich zähmte einen Falken.
Ich band ihm um sein Bein
ein Schnürchen ganz aus Seide,
aus Seide musst es sein.
Mein wunderschöner Falke,
das war mein ganzes Glück.
Er flog hoch in den Himmel
und kam zu mir zurück,
er flog hoch in den Himmel
und kam zu mir zurück.

4. Ich trug den stolzen Falken
auf meiner linken Hand.
Er stieg von meiner Hand auf
und flog weit übers Land.
Mein wunderschöner Falke,
das war mein ganzes Glück.
Er flog hoch in den Himmel
und kam zu mir zurück,
er flog hoch in den Himmel
und kam zu mir zurück.

5. Zwei Menschen, die sich mögen,
die gehen Hand in Hand,
denn wer sich liebt von Herzen,
braucht weder Schnur noch Band.
Mein wunderschöner Falke,
das war mein ganzes Glück.
Mein Schatz, wenn du mal fortgehst,
dann komm zu mir zurück,
mein Schatz, wenn du mal fortgehst,
dann komm zu mir zurück.

Die Gaukler

Text: Rolf Krenzer; Musik: Martin Göth
© Edition SEEBÄR-Musik Stephen Janetzko, www.kinderlieder-und-mehr.de

```
   G   D C G a D G
Lalalala….
```

```
            G             D
1. Leute, sperrt das Vieh jetzt ein,
            C           G
holt die Wäsche schnell herein,
         a              D D4 D
denn die Gaukler kommen heut an.
            C      D
Schließt die Keller im Nu,
       G        C
alle Türen schließt zu,
                  D      G
vor dem Burgtor, dort halten sie an.
```

2. Sie kommen gefahren
mit Pferden und Karren,
vor dem Burgtor, da bauen sie drauf
ihre Zelte, die bunten
in wenigen Stunden
zum großen Gauklerfest auf.

3. Heut wird was geschehen!
Das werdet ihr sehen.
Ein Seiltänzer steht schon bereit.
Gebt Acht auf die Kleider!
Gegen Beutelschneider,
da ist heut keiner gefeit!

```
   C   D G C C D G
Lalalala….
```

4. Fürs Theater, Leute schaut,
wird die Bühne aufgebaut,
und ein Schauspiel wird für alle aufgeführt.
Und ein Tanzbär, schaut euch das an,
wird im Kreis von einem Mann
an der dicken Eisenkette vorgeführt.

5. Musikanten, spielt nun auf.
Alle warten schon darauf:
eine Tänzerin wird sich hier drehn!
Reißt die Augen auf ganz weit.
Habt ihr jemals so ein Kleid
und solch schöne Frau gesehn?

6. Kommt alle gelaufen!
Hier gibt's was zu kaufen.
Es bieten die Händler euch an
die Ketten und Ringe
und sonstige Dinge,
wie man sie sonst nicht kaufen kann.

7. Zwei Kampfhähne, mächtig,
mit Federn so prächtig,
sie treten heut an hier zum Kampf.
Was Magier heut bringen,
das kann nur gelingen
mit Zauberei, Schwefel und Dampf.

    C   D G C C D G
Lalalala....

8. Wem die Zähne fast verfault,
kommt herbei, wenn's ihm nicht grault,
denn der Zahnreißer reißt sie ihm aus.
Wer sich das noch einverleibt,
was der Quacksalber verschreibt,
geht zwar ärmer, doch voll Hoffnung nach Haus.

9. Ein großes Gedränge,
es staut sich die Menge.
Was kosten die Wunder der Welt?
Sie ziehen ja leider
schon bald wieder weiter.
Jetzt zahlt, wenn euch etwas gefällt.

10. Von dem Spieß noch ein Stück Fleisch,
einen Trank dazu noch gleich.
Seht, da packen und laden sie schon.
Auch das Burgtor geht zu.
Gebt zur Nacht endlich Ruh!
Morgen sind sie schon auf und davon.

Nachspiel: C D G C C D G

Hinweis: Auf der CD werden die Strophen 4, 6 und 8 ausgelassen.

Das Rosenwunder

Legendenlied

Text: Rolf Krenzer/Musik: Martin Göth

1. Hört zu, denn von Elisabeth, fang ich zu singen an.
Hoch auf der Wartburg lebte sie. Graf Ludwig war ihr Mann.
Als er zum Kreuzzug musste, vertraut er seinem Schwager dann,
die Frau, die Burg und alles an, weil er's nicht besser wusste.

Refr. Zarte, rote Rosen, seht, sie blühn so wunderbar!
Mit den roten Rosen werden Wunder wahr.

2. Von dieser Burgfrau singt mein Lied.
Sie war so jung und zart.
Der Schwager Heinrich war schon alt
und herzlos, kalt und hart.
Es schlug ihm auf den Magen,
dass diese Frau die Burg verließ,
um Fleisch und Brot und das und dies
ins Dorf hinab zu tragen.
Refrain: Zarte, rote Rosen ...

3. Hoch auf der Wartburg lebt man gut. Im Dorf herrscht große Not.
Drum stieg Elisabeth hinab
und brachte Wein und Brot.
Wie tat der Schwager wüten.
Er schrie, das wäre unerhört,
weil ihm doch alles hier gehört
und wollt es ihr verbieten.
Refrain: Zarte, rote Rosen ...

4. Er lauerte ihr einmal auf. Und als sie kam daher,
da trug am Arm sie einen Korb.
Der Korb war voll und schwer.
Mocht er sich drehn und recken,
sie hatte alles gut versteckt
und noch mit einem Tuch verdeckt.
Er konnte nichts entdecken.
Refrain: Zarte, rote Rosen ...

5. »Was hast du da?«, so schrie er laut. Ihn rührte nicht ihr Flehen.
Er riss das Tuch von ihrem Korb,
um selber nachzusehen.
Dann fing er an zu zittern:
Der ganze Korb voll Rosen war,
voll Rosen rot und wunderbar.
Wie tat ihn das erschüttern.
Refrain: Zarte, rote Rosen ...

6. »Verzeih mir!«, rief er noch und ritt darauf zurück im Trab.
Elisabeth ging mit dem Korb
sogleich ins Tal hinab,
um ihn ins Dorf zu bringen.
Aus Rosen wurde wieder Brot.
Sie dankte froh und lobte Gott.
So will ich fröhlich singen.
Refrain: Zarte, rote Rosen ...

Zu diesem Lied:
Die heilige Elisabeth wurde 1207 in Sárospatak in Nordungarn geboren und wurde mit vierzehn Jahren mit Landgraf Ludwig IV. von Thüringen vermählt. Sie führte auch nach dem Tod ihres Mannes (er starb 1227 auf einem Kreuzzug) ein Leben im Dienst der Armen und Kranken. Sie starb am 17. November 1231 in Marburg an der Lahn und wurde am 19. November beigesetzt. Der 19. November ist auch ihr Namenstag. Bereits vier Jahre nach ihrem Tod wurde Elisabeth heilig gesprochen.

Ritter- und Bauerntanz

Dreht euch, dreht euch im Reigen

Text: Rolf Krenzer/Musik: Martin Göth

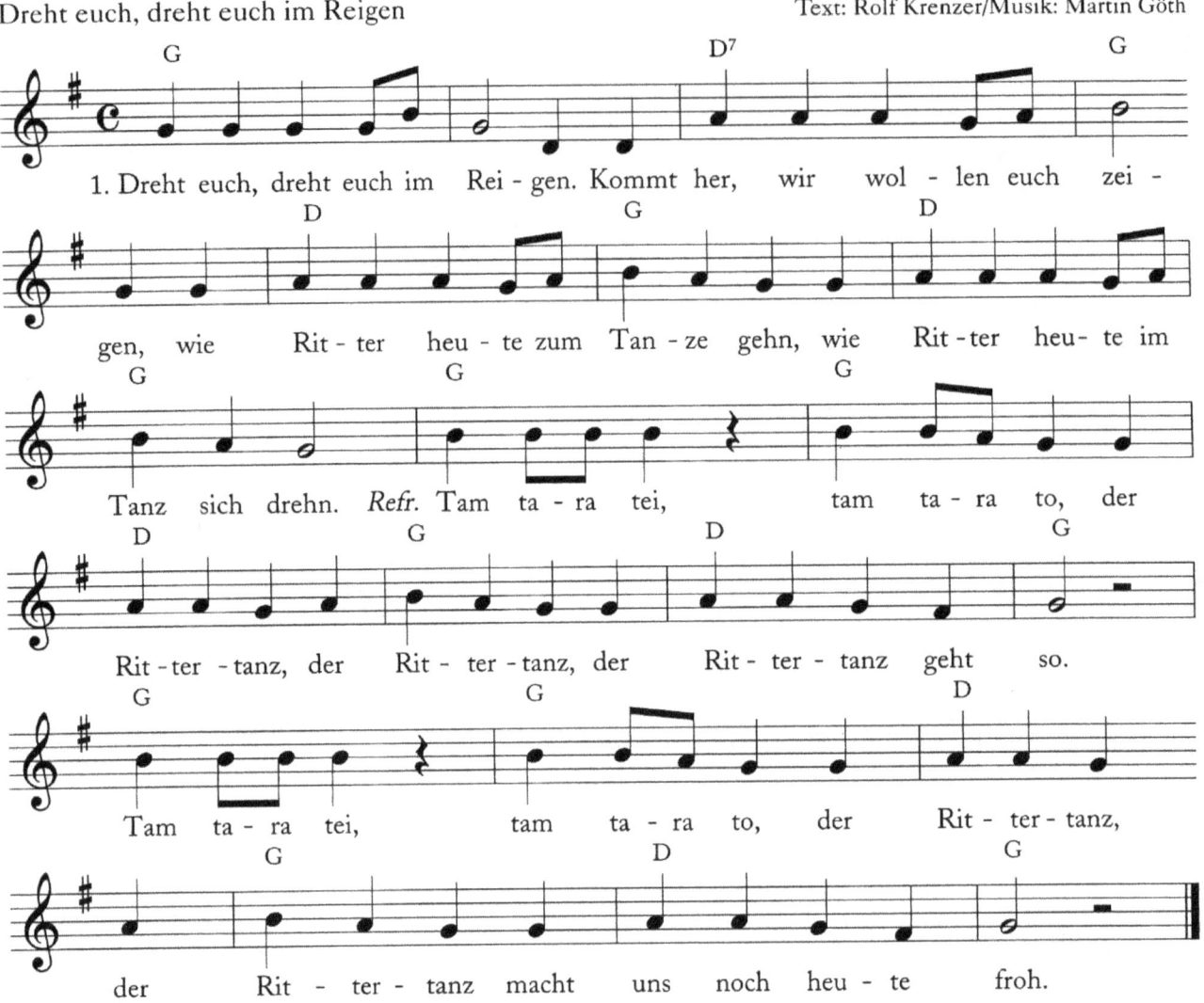

1. Dreht euch, dreht euch im Rei-gen. Kommt her, wir wol-len euch zei-gen, wie Rit-ter heu-te zum Tan-ze gehn, wie Rit-ter heu-te im Tanz sich drehn. Refr. Tam ta-ra tei, tam ta-ra to, der Rit-ter-tanz, der Rit-ter-tanz, der Rit-ter-tanz geht so. Tam ta-ra tei, tam ta-ra to, der Rit-ter-tanz, der Rit-ter-tanz macht uns noch heu-te froh.

Wir stehen alle im großen Kreis. Die Ritter beginnen. Sie gehen von verschiedenen Seiten in den Kreis hinein, schreiten im Kreis herum und drehen sich dabei nicht zu schnell um sich selbst.

Nun gehen die Ritter auf die Damen zu, die rundherum im Außenkreis stehen. Sie verbeugen sich vor ihnen und führen sie dann in den Kreis hinein. Hand in Hand gehen die Paare im Kreis herum.

2. Dreht euch, dreht euch im Reigen.
Kommt her, wir wollen euch zeigen,
wie edle Damen zum Tanze gehn
und mit den Rittern im Tanz sich drehn.
Tam tara tei, tam tara to,
der Rittertanz, der Rittertanz,
der Rittertanz geht so.
Tam tara tei, tam tara to,
der Rittertanz, der Rittertanz
macht uns noch heute froh.

Nach den Damen kommen die Ritterknappen dazu, dann die Ritterfräulein und die Ritterkinder. Alle bekommen ihre Strophe, zu der sie sich im Innern des Kreises drehen. Außen tanzen die, die sich bisher bereits vorgestellt haben.

3. Dreht euch, dreht euch im Reigen.
Kommt her, wir wollen euch zeigen,
wie Ritterknappen zum Tanze gehn ...
wie Ritterfräulein zum Tanze gehen ...
wie Ritterkinder zum Tanze gehen ...
und mit den andern im Tanz sich drehn.
Tam tara tei, tam tara to,
der Rittertanz, der Rittertanz,
der Rittertanz geht so.
Tam tara tei, tam tara to,
der Rittertanz, der Rittertanz
macht uns noch heute froh.

Wilder und ungestümer wird es, wenn die Bauern mit den Bauersfrauen, die Bauernjungen, die Bauernmädchen und die Bauernkinder zum Tanz gehen.

4. Dreht euch, dreht euch im Reigen.
Kommt her, wir wollen euch zeigen,
wie die Bauern zum Tanze gehn
und mit ihren Frauen im Tanz sich drehn.
Rumbadibei, rumbadibo,
der Bauerntanz, der Bauerntanz,
der Bauerntanz geht so!
Rumbadibei, rumbadibo,
der Bauerntanz, der Bauerntanz
macht uns noch heute froh.

Du bist mein und ich bin dein

Erstes Liebeslied

Text: Rolf Krenzer/Musik: Martin Göth
Übertragen aus Minnesangs Frühling,
12. Jahrhundert

Der Junge singt

[Notation: 1. Mag dies Mädchen gar so sehr, lieb sie Tag für Tag noch mehr.
Stimm ich die-ses Lied-chen an, lacht mich froh das Mädchen an.
Refr. Du bist mein und ich bin dein. Da kannst du ganz sicher sein.
Wohnst in mei-nem Herz al-lein. Ein-ge-schlos-sen sollst du sein.
Hab ver-lorn das Schlüs-se-lein: Du musst im-mer drin-nen sein.]

Der Junge singt
1. Mag dies Mädchen gar so sehr,
lieb sie Tag für Tag noch mehr.
Stimm ich dieses Liedchen an,
lacht mich froh das Mädchen an.

Refrain *(Junge):*
Du bist mein und ich bin dein.
Da kannst du ganz sicher sein.
Wohnst in meinem Herz allein.
Eingeschlossen sollst du sein.
Hab verlorn das Schlüsselein.
Du musst immer drinnen sein.

Das Mädchen singt
2. Mag den Jungen gar so sehr,
lieb ihn Tag für Tag noch mehr.
Stimm ich auch dies Liedchen an,
lacht mich froh der Junge an.

Refrain *(Mädchen):*
Du bist mein und ich bin dein.
Da kannst du ganz sicher sein.
Wohnst in meinem Herz allein.
Eingeschlossen sollst du sein.
Hab verlorn das Schlüsselein.
Du musst immer drinnen sein.

Beide
3. Mögen wir uns gar so sehr,
lieben wir uns immer mehr,
singen, (summen, pfeifen) wir das Lied zu zweit
und wir wissen gleich Bescheid!

Refrain *(beide):*
Du bist mein und ich bin dein ...

Originaltext:
Du bist min, ich bin din:
Des solt du gewis sin.
Du bist beslozzen
in minem herzen.
Verlorn ist das sluzzelin:
Du muost immer drinne sin.
(überliefert)

Das Lied vom verrosteten Ritter

Text: Rolf Krenzer / Musik: Martin Göth

1. Hört zu, ihr Leut, ich will euch heut ein lustig Liedlein bringen.
Vom Ritter Heinrich Wolkensturm, da will ich heute singen.
Der Ritter zog durch Wald und Feld, hat manchen Feind bezwungen.
So hab ich oft von diesem Helden gern ein Lied gesungen.

Refr. Tirilala, tirilei, hört zu, dass ihr's versteht,
damit es euch nicht wie dem Heinrich Wolkensturm ergeht.

2. Er zog in manche Schlacht hinein
und kam gesund heraus.
So ritt der Heinrich Wolkensturm
stets unversehrt nach Haus.
Doch einmal legte er am Fluss
nach einem Sieg sich nieder.
Da zog herauf ein Wolkenguss
und regnet auf ihn nieder.
Tirilala, tirilei ...

3. Er wurde nass bis auf die Haut.
Im Schlaf tat er nichts spüren.
Doch als der frühe Morgen graut,
da fing er an zu frieren.
Er macht sich auf den Heimweg dann,
um sich dort aufzuwärmen
und fing sogleich am Burgtor an
zu schreien und zu lärmen. Tirilala, tirilei ...

4. Er stolperte die Treppen hoch
zur stillen Kemenate
und bat die Burgfrau: »Hilf mir doch
aus meiner Rüstung grade.
Ich muss ins Bett!«, so sagt er drauf,
»sonst hol ich mir den Schnupfen.«
Doch seine Rüstung geht nicht auf,
mag er sie zerrn und rupfen. Tirilala, tirilei ...

5. Die Rüstung geht fürwahr nicht auf,
wenn er auch friert und frostet.
Am Ende kommt die Burgfrau drauf:
»Die Rüstung ist verrostet!«
»Verrostet!«, schreit der Ritter laut
und zitternd vor Entrüstung.
»Auf, Schmied, schlagt zu, zerstört, zerhaut
mir endlich diese Rüstung!« Tirilala, tirilei ...

6. Der Schmied schlägt zu, so fest er kann.
Der Ritter möchte heulen.
Am Ende steht der Rittersmann
im Hemd und voller Beulen.
Voll blauer Flecken! Obendrein
muss niesen er und prusten.
Und kriegt zum Schluss das Zipperlein
und einen schlimmen Husten. Tirilala, tirilei ...

7. »Ich kämpfe nie mehr!«, rief der Mann.
»Das ist das einzig Wahre!«
So sprach er und er hielt sich dran
und lebte hundert Jahre.
Wir lassen's heut, ihr guten Leut,
mit diesem Lied bewenden,
dass alles so vergnügt und froh
bei euch auch möge enden!

Ein klitzekleines Burggespenst

Text: Rolf Krenzer/Musik: Martin Göth

2. Und meine Mutter glaubt mir nicht
und meint: »Das kann nicht sein!
Schau, Burggespenster gibt es nicht,
sind sie auch noch so klein!«
Mein großer Bruder lacht mich aus
und hält mich für verrückt.
Er hat sein ganzes Leben lang
noch kein Gespenst erblickt.
Refrain: Hui, hui huhu ...

3. Und meine Schwester ruft ganz bös:
»Hör endlich auf! Sei still!
Weil ich von deinem Burggespenst
kein Wort mehr hören will!«
Der Knappe Wolfram rät mir schlau,
denn er weiß gleich Bescheid:
»Frag das Gespenst, wenn es dich weckt,
warum es denn so schreit!«
Refrain: Hui, hui huhu ...

4. So lieg ich wach bis Mitternacht.
Und wimmert's vor der Tür,
dann ruf ich leise: »Komm doch rein!
Hier ist es schön bei mir!«
Es klettert zu mir in mein Bett
und kuschelt sich noch an.
Da frag ich: »Warum schreist du so,
dass ich nicht schlafen kann?«
Refrain: Hui, hui huhu ...

5. »Ich habe Angst!«, sagt das Gespenst
und kriegt 'ne Gänsehaut.
»Ich bin so klein und so allein,
drum heule ich so laut.
Hier ist es schön!«, so sagt es noch.
Vorbei ist das Geschrei.
Dann schläft es ein in meinem Arm
und schläft bis fast halb drei.
Refrain: Hui, hui huhu ...

6. Seit dieser Nacht hat das Gespenst
mich niemals mehr erschreckt.
Es schläft bei mir und hat seitdem
mich nicht mehr aufgeweckt.
Und hörst du einmal ein Gespenst
nachts wimmern, jammern, schrein,
dann lad es ein zu dir ins Bett.
Du wirst es nie bereun!
Refrain: Hui, hui huhu ...

Was macht Mut?

Text: Rolf Krenzer/Musik: Martin Göth

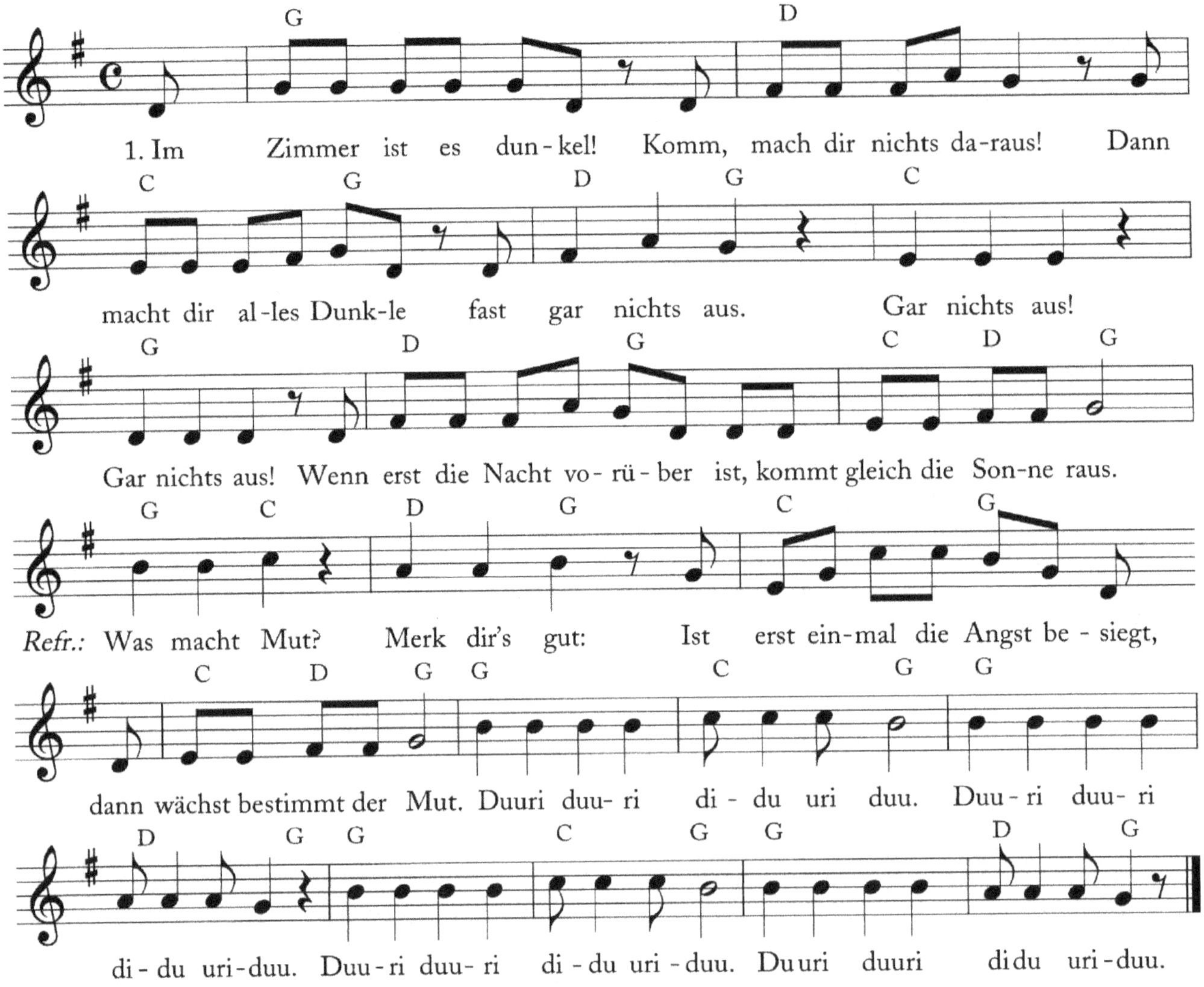
G D
1. Im Zimmer ist es dun - kel! Komm, mach dir nichts da-raus! Dann
C G D G C
macht dir al-les Dunk-le fast gar nichts aus. Gar nichts aus!
G D G C D G
Gar nichts aus! Wenn erst die Nacht vo- rü - ber ist, kommt gleich die Son-ne raus.
G C D G C G
Refr.: Was macht Mut? Merk dir's gut: Ist erst ein-mal die Angst be - siegt,
C D G G C G G
dann wächst bestimmt der Mut. Duuri duu- ri di - du uri duu. Duu - ri duu- ri
D G G C G G D G
di - du uri-duu. Duu - ri duu- ri di - du uri - duu. Du uri duuri di du uri - duu.

2. Wenn's draußen lärmt und wütet,
da hilft dir kein Geschrei.
Denk nach und zähle leise
von eins bis drei.
Eins, zwei, drei! Eins, zwei, drei!
Wenn ein Gewitter niedergeht,
dann geht es auch vorbei.

Refrain: Was macht Mut...

3. Will dich ein Großer schlagen
und baut sich vor dir auf,
und frisst die Angst am Ende
dich fast noch auf:
Gib nicht auf! Gib nicht auf!
Schau dich nach einem Fluchtweg um
und lauf, lauf, lauf, lauf, lauf!

Refrain: Was macht Mut...

4. Die Angst macht einen fertig,
dass man nichts denken kann.
Bleib cool und lass die Angst nicht
an dich heran.
Glaub mir, dann, glaub mir dann,
fängt, eh du dich so recht versiehst,
dein Mut schon richtig an.

Refrain: Was macht Mut...

5. Nimm nicht, um Held zu werden,
sofort das Schwert zur Hand.
Es wächst der Mut vor allem,
das ist bekannt,
durch Verstand, durch Verstand!
Nur wer die Angst kennt und bezwingt,
der wird ein Held genannt.

Refrain: Was macht Mut...

Die CD zum Buch

Rolf Krenzer/Martin Göth:
Ritter-Lieder für Kinder

Über die CD:
11 wunderschöne neue Ritter-Lieder für Kinder zum Zuhören, Mitsingen, Tanzen und Bewegen mit Texten von Rolf Krenzer und Musik von Martin Göth.
Die Lieder entführen die Kinder in die Welt der Ritter und laden zum Mitmachen ein.
Für kleine und große Ritterfreunde im Kindergarten- und Schulalter.

Alle Liedtitel der CD:
Ritter-Vorspiel (instrumental), Was braucht ein Rittersmann?, Ein echter Ritter werd ich nie, Ich zähmte einen Falken, Die Gaukler, Das Rosenwunder, Rittertanz, Du bist mein, Das Lied vom verrosteten Ritter, Ein klitzekleines Burggespenst, Was macht Mut?

Alterszielgruppe ca. ab 3-10 Jahre, ideal 4-8 Jahre / Spieldauer ca. 41:53 min
Bestellnummer 91033-269 - ISBN 978-3-941923-35-5
INFO & SHOP: **www.kinderliederhits.de**
© SEEBÄR-Musik (Labelcode LC 05037)

WEITERE ERSCHIENENE BÜCHER IM VERLAG STEPHEN JANETZKO:

- Stephen Janetzko:
Stark wie ein Baum - Frühling, Natur, Ostern, Walpurgisnacht, Muttertag:
Das Liederbuch mit allen Texten, Noten und Gitarrengriffen zum Mitsingen und Mitspielen-
ISBN 978-3-95722-079-0

- Christa Baumann/Stephen Janetzko:
Früchte, Früchte, Früchte - Basteln, Spielen und Experimentieren rund um Natur, Obst, Kräuter und Rohkost.
Mit 30 einfachen Liedern, Rezepten, Geschichten und vielen Kreativideen -
ISBN 978-3-95722-051-3

- Kati Breuer & Stephen Janetzko:
Polonäse - Neue Kinderlieder zum Ankommen, Bewegen, Mitmachen, Ausruhen und Tschüs sagen:
Das Liederbuch mit allen Texten, Noten und Gitarrengriffen zum Mitsingen und Mitspielen-
ISBN 978-3-95722-071-4

- Kati Breuer:
Piepmatzlieder - 25 frische Singhits für fröhliche Kinder zum Schaukeln, Trippeln, Stampfen und Zappeln:
Das Liederbuch mit allen Texten, Noten und Gitarrengriffen zum Mitsingen und Mitspielen -
ISBN 978-3-95722-078-3

- Christina Klenz:
Gute Nacht, flüstert die Elfe: Eine zauberhafte Einschlafgeschichte mit Fantasiereise -
ISBN 978-3-95722-077-6

- Stephen Janetzko:
Es schneit, es schneit, es schneit! – Ein Schnee-und-Winter-Lieder-Buch:
Das Liederbuch mit allen Texten, Noten und Gitarrengriffen zum Mitsingen und Mitspielen (Viele neue Schnee-Lieder für Winter und Fasching) -
ISBN 978-3-95722-076-9

- Christa Baumann/Stephen Janetzko:
Und wieder brennt die Kerze - Das große Mitmach-Buch für Advent und Weihnachten:
Mit 25 einfachen Liedern, Kreativideen, Rezepten, Geschichten und tollen Winter-Aktionen -
ISBN 978-3-95722-068-4

- Stephen Janetzko:
Augen Ohren Nase - Neue Mitmach-, Lern- und Spielkreis-Lieder von Stephen Janetzko:
Das Liederbuch mit allen Texten, Noten und Gitarrengriffen zum Mitsingen und Mitspielen -
ISBN 978-3-95722-070-7

- Stephen Janetzko:
Das Licht einer Kerze - Die 25 schönsten Weihnachtslieder:
Das Liederbuch mit allen Texten, Noten und Gitarrengriffen zum Mitsingen und Mitspielen -
ISBN 978-3-95722-067-7

- Stephen Janetzko:
Der Herbst ist da - Die 25 schönsten Herbstlieder:
Das Liederbuch mit allen Texten, Noten und Gitarrengriffen zum Mitsingen und Mitspielen -
ISBN 978-3-95722-065-3

- Christa Baumann/Stephen Janetzko:
Ein bisschen so wie Martin - Das große Kindergarten-Buch für Herbst und Sankt Martin:
Mit 25 bekannten und neuen Liedern fürs Laternenfest, vielen Geschichten und tollen Herbst-Aktionen -
ISBN 978-3-95722-064-6

- Stephen Janetzko:
Sankt Martin ritt durch Schnee und Wind - Die 25 schönsten Laternenlieder:
Das Liederbuch mit allen Texten, Noten und Gitarrengriffen zum Mitsingen und Mitspielen -
ISBN 978-3-95722-061-5

- Christa Baumann/Stephen Janetzko:
Indianer - Das große Lieder-Geschichten-Spiele-Bastelbuch.
Singen, reiten, kochen, erzählen, tanzen, feiern, trommeln und kreativ sein mit vielen tollen und einfachen Indianer-Aktionen für Kinder-
ISBN 978-3-95722-060-8

Zu allen Büchern sind begleitende CDs separat erhältlich!

... mehr Info, mehr CDs, mehr Lieder & Noten:
www.kinderliederhits.de

Alle Rechte vorbehalten.

Dieses Werk ist urheberrechtlich geschützt. Jegliche Vervielfältigung und Verwertung ist nur mit Zustimmung der Autoren bzw. des Verlags zulässig. Das gilt insbesondere für Übersetzungen, die Einspeicherung und Verarbeitung in elektronischen Systemen sowie für das öffentliche Zugänglichmachen wie zum Beispiel über das Internet.
Ein Nachdruck oder eine Weiterverwertung ist nur mit schriftlicher Genehmigung des Verlags möglich.

© Verlag Stephen Janetzko, **www.kinderliederhits.de**

www.ingramcontent.com/pod-product-compliance
Lightning Source LLC
Chambersburg PA
CBHW080010050426
42446CB00036B/3384